北京市实施《中华人民共和国反恐怖主义法》办法

中国法制出版社

北京市实施《中华人民共和国反恐怖主义法》办法
BEIJING SHI SHISHI《ZHONGHUA RENMIN GONGHEGUO FANKONGBU ZHUYIFA》BANFA

经销/新华书店
印刷/北京海纳百川印刷有限公司
开本/850 毫米×1168 毫米　32 开　　印张/0.5　字数/7 千
版次/2023 年 8 月第 1 版　　2023 年 8 月第 1 次印刷

中国法制出版社出版
书号 ISBN 978-7-5216-3808-0　　定价：5.00 元

北京市西城区西便门西里甲 16 号西便门办公区
邮政编码：100053　　传真：010-63141600
网址：http：//www.zgfzs.com　　**编辑部电话：010-63141673**
市场营销部电话：010-63141612　　**印务部电话：010-63141606**

（如有印装质量问题，请与本社印务部联系。）

目　录

北京市人民代表大会常务委员会
公　告

〔十六届〕第 5 号

《北京市实施〈中华人民共和国反恐怖主义法〉办法》已由北京市第十六届人民代表大会常务委员会第四次会议于 2023 年 7 月 28 日通过，现予公布，自 2024 年 1 月 1 日起施行。

北京市第十六届人民代表大会常务委员会

2023 年 7 月 28 日

北京市实施
《中华人民共和国反恐怖主义法》办法

（2023年7月28日北京市第十六届人民代表大会常务委员会第四次会议通过）

第一条 为了贯彻落实总体国家安全观，防范和惩治恐怖活动，加强反恐怖主义工作，维护国家安全、公共安全和人民生命财产安全，根据《中华人民共和国反恐怖主义法》等法律、行政法规，结合本市实际，制定本办法。

第二条 本市行政区域内开展反恐怖主义工作，适用本办法。

第三条 本市反恐怖主义工作坚持党的领导，坚持专门工作与群众路线相结合，防范为主、惩防结合，先发制敌、保持主动，统筹协调、整体防控的原则。

第四条 反恐怖主义工作应当依法进行，尊重和保障人权，维护公民和组织的合法权益。

第五条 市、区反恐怖主义工作领导机构，在上级反恐怖主义工作领导机构的领导和指挥下，负责制定和组织实施反恐怖主义工作规划、预案、措施，建立健全跨部门情报信息工作机制，指挥对恐怖事件的应对处置，组织开展反恐怖主义宣传教育，加强专业队伍建设，监督反恐怖主义工作责任落实等工作。

市、区反恐怖主义工作领导机构的日常工作由其办事机构承担。

第六条 市、区反恐怖主义工作领导机构成员单位在本行业系统、本单位履行下列反恐怖主义工作职责：

（一）按照职责分工，将反恐怖主义工作列入工作规划，建立健全工作机制和责任体系，明确责任部门和人员；

（二）推进反恐怖主义工作信息化建设，逐步实现数据共享；

（三）开展反恐怖主义宣传教育工作，推动有关单位落实反恐怖主义法律、法规、政策；

（四）制定并推动落实反恐怖主义工作标准、规范、措施、预案等，指导、督促有关单位开展反恐怖主义工作；

（五）定期向同级反恐怖主义工作领导机构和上级行业主管部门报告反恐怖主义工作情况；

（六）国家和本市规定的其他职责。

第七条 市、区反恐怖主义工作领导机构成员单位以及其他有关单位应当按照国家和本市反恐怖主义工作责任制有关要求依法履行工作职责，建立完善联动配合机制，做好反恐怖主义工作。

第八条 市反恐怖主义工作领导机构对其成员单位以及区反恐怖主义工作领导机构履行反恐怖主义工作职责的情况开展督导检查，对发现的问题，及时责令改正，并可以约谈、通报；对相关责任人员，可以向有权机关提出处理建议。

第九条 市反恐怖主义工作领导机构应当与在京中央机

关、企业事业单位、驻京部队等建立对接协调机制，加强信息沟通和工作协作，遇有重大问题及时向国家反恐怖主义工作领导机构请示报告。

第十条 本市在国家反恐怖主义工作领导机构的指导下，建立反恐怖主义工作跨行政区域合作机制，加强与天津市、河北省以及有关省、自治区、直辖市的反恐怖主义工作沟通与合作，推动建立数据资源共享、情报信息互通、应对处置联动的工作机制，开展联合应急演练，增强反恐怖主义工作实效。

第十一条 市、区人民政府应当按照事权划分，建立健全反恐怖主义工作经费保障机制，将反恐怖主义工作经费列入本级财政预算。

第十二条 本市构建首都功能核心区等重点地区的一体化防控工作体系，落实反恐怖主义安全防范工作措施，加强智能防控系统建设，整合力量资源，开展常态化巡控，防范、化解涉恐风险隐患，强化日常基础工作，完善应急响应处置机制，确保重点地区安全。

第十三条 公安机关应当会同有关部门按照国家和本市有关规定，确定防范恐怖袭击的重点目标，并实行分级分类管理。

重点目标的管理单位应当履行下列职责：

（一）制定防范和应对处置恐怖活动的预案、制度、措施，每年至少组织一次有关培训和演练；

（二）建立反恐怖主义工作专项经费保障制度，配备、更新防范和处置设备、设施；

（三）指定相关机构或者落实责任人员，明确岗位职责，配备必要的安保力量，开展日常巡逻、保卫、检查等；

（四）建立反恐怖主义安全防范工作档案，并按照公安机关和有关部门的要求，定期报告基础信息数据、重要动态和防范措施落实情况；

（五）实行风险评估，实时监测安全威胁，完善内部安全管理；

（六）重大活动举办期间和重要时间节点，或者重大突发事件发生时，按照要求落实安全防范和处置措施；

（七）国家和本市规定的其他职责。

第十四条　国家和本市重大活动举办期间和重要时间节点，根据反恐怖主义工作需要，市人民政府可以采取相应的安全管理措施，各区人民政府提升安全防范等级，组织人员对主要道路、交通枢纽、城市公共区域的重点部位加强巡逻、值守，设置防爆设备，采取安全检查等措施，及时发现、处置安全风险隐患。

公安机关和有关部门应当加强情报信息搜集工作，强化基础摸排，开展反恐怖主义专项检查和隐患排查整治等工作，督促有关单位落实安全防范责任，做好应对处置准备工作。

第十五条　本市严格执行国家核与辐射、生物、化学领域反恐怖防范标准。

有关单位应当按照规定加强安全管理，对重要岗位人员进行安全背景审查，采取相应的防护和安全保卫措施，防止核与放射物品、传染病病原体、危险化学品等发生被盗、被抢、丢失或者其他流失的情形。

有关部门和公安机关应当按照职责分工指导、监督有关单位落实人防、物防、技防措施，加强安全监测和风险评估，做好应对处置准备工作。

第十六条 本市水利工程、集中式饮用水水源、公共供水企业、自来水厂等重点目标的管理单位，应当根据法律法规以及国家和本市有关规定、标准，落实反恐怖主义安全防范措施，建立长效管理机制，分层级制定完善应急处置预案，加强重点部位区域值守巡查，配备防护设备物资，安装入侵报警和水质监测等系统，及时发现处置隐患问题。

第十七条 城市轨道交通营运单位应当依法落实反恐怖主义安全防范措施，承担轨道交通运营安全管理责任，加强安全检查和保卫工作，选择具有保安资质的单位具体实施安全检查，并对安全检查单位进行管理，发现问题的及时整改。

安全检查单位应当按照规定对进入轨道交通站的人员、物品进行安全检查，发现违禁品和管制物品，应当予以扣留并立即向公安机关报告；发现涉嫌违法犯罪人员，应当立即向公安机关报告。对不接受安全检查的，应当拒绝其进站乘车。

第十八条 长途客运业务经营者、服务提供者应当对旅客身份进行查验，对身份不明或者拒绝身份查验的，不得提供服务。

省际客运班车应当在起讫地客运站点、中途停靠地客运站点（以下统称配客站点）上下旅客，具体办法由市交通运输管理部门制定。重大活动期间，客运班车应当按照指定的配客站点上下旅客。

客运场站经营者应当按照规定对出入本市省际客运站点、中途停靠地客运站点的人员、物品和交通工具进行安全检查。发现违禁品和管制物品，应当予以扣留并立即向公安机关报告；发现涉嫌违法犯罪人员，应当立即向公安机关报告。

第十九条 机动车租赁业务经营者、服务提供者应当对承租人身份进行查验，对身份不明或者拒绝身份查验的，不得提供服务。

小微型客车租赁业务经营者、服务提供者应当遵守前款规定，并如实登记承租人身份信息、通信方式、车辆用途、租赁时间等；开展自助取还车业务的，应当采用技术手段确认实际取车人与承租人身份一致。

第二十条 加油站应当按照规定落实散装汽油实名登记管理制度，对购买散装汽油的单位或者个人身份进行查验，如实记录购买数量、用途等；对未按照规定登记、身份不明或者拒绝身份查验的单位或者个人，不得销售散装汽油。

第二十一条 民用无人驾驶航空器系统生产者应当保证产品符合有关强制性国家标准，具备有效接入综合监管服务平台、在飞行过程中自动发送识别信息等功能，在产品外包装显著位置标明守法运行要求和风险警示。

民用无人驾驶航空器系统生产者应当协助有关部门进行管理，依法提供唯一产品识别码、实时飞行信息和所有者等有关信息。

第二十二条 民用无人驾驶航空器系统销售者应当销售

符合有关强制性国家标准的产品；对公安机关、国家安全机关开展有关调查工作予以协助配合。

第二十三条 民用无人驾驶航空器所有者应当按照国家规定进行实名登记；发生出售、转让、损毁、报废、丢失或者被盗等情况的，应当及时更新登记信息。

第二十四条 在本市空域内使用民用无人驾驶航空器进行飞行活动的，应当经依法批准，并严格执行国家空域管理和飞行要求的有关规定。

任何单位和个人不得利用民用无人驾驶航空器实施恐怖活动以及其他违反法律法规的行为；不得非法破解民用无人驾驶航空器安全控制信息系统，解除安全限制。

第二十五条 公安机关对于利用民用无人驾驶航空器实施违反飞行管理规定、扰乱公共秩序或者危及公共安全行为的，可以依法采取必要技术防控、扣押有关物品、责令停止飞行、查封违法活动场所等紧急处置措施。

第二十六条 乡村民宿经营者应当在住宿人员入住前当面对住宿人员身份进行查验，即时通过规定的信息系统申报登记信息；对身份不明或者拒绝身份查验的，不得提供住宿。

第二十七条 邮政、快递企业应当对客户身份进行查验和登记，按照规定对寄递物品采取过机安检、开封验视等安全防范措施，并登记物品信息。

邮政、快递企业应当在寄递物品处理场所配备安全检查设备，安排具备专门知识和技能的人员，对从外埠进入本市的寄递物品按照规定进行安全检查。

第二十八条 即时递送业务经营者、服务提供者应当按照国家和本市有关规定以及主管部门的要求，制定、落实递送安全管理制度和服务规范，在揽收时对客户身份进行查验、登记，对递送物品进行验视，并登记物品信息。递送物品应当遵守国家关于禁止或者限制寄递物品的规定。

第二十九条 互联网服务提供者应当依法落实网络安全、信息内容监督制度和安全技术防范措施，防止含有恐怖主义、极端主义内容的信息传播；发现含有恐怖主义、极端主义内容的信息的，应当立即停止传输，保存相关记录，删除相关信息，并向公安机关或者有关部门报告。

提供商品销售或者住宿、即时递送、机动车租赁等信息服务的互联网服务提供者，应当为公安机关、国家安全机关依法进行防范、调查恐怖活动，提供技术接口和解密等技术支持与协助。

公安机关、国家安全机关、有关部门和单位、个人在履行反恐怖主义工作职责、义务过程中知悉的个人隐私、个人信息、商业秘密、保密商务信息等，应当依法予以保密，不得泄露或者非法向他人提供。

第三十条 本市统筹新技术、新产业、新业态、新模式的发展和安全，提高安全治理能力，促进行业健康有序发展。

市、区反恐怖主义工作领导机构应当根据反恐怖主义工作需要，组织有关部门研究新技术、新产业、新业态、新模式的发展动态，加强风险监测。

第三十一条 交通运输、物流寄递、保安服务等行业组织应当加强行业自律，引导生产经营者建立完善反恐怖主义防范制度，做好反恐怖主义安全防范工作，宣传、普及防范和应对恐怖袭击知识。

第三十二条 市反恐怖主义工作领导机构建立跨部门情报信息工作机制，统筹全市反恐怖主义情报信息工作。有关单位应当在职责范围内开展反恐怖主义情报信息搜集工作，按照市反恐怖主义工作领导机构的要求报送涉嫌恐怖主义活动的信息、线索，并协助开展调查。

公安机关、国家安全机关和有关部门依托群众力量建立基层情报网络，畅通情报信息报送渠道；对群众力量开展必要的培训，提高基层发现涉恐线索和可疑情况的能力。

第三十三条 发现恐怖事件或者疑似恐怖事件后，公安机关应当立即调动就近警力开展先期处置和救援工作，视情况采取封控现场、疏散群众、抢救伤员、排查检查等措施，控制事态发展，并向反恐怖主义工作领导机构报告；在公安机关到达现场前，事发现场所在地的单位、基层组织应当立即组织疏散、撤离、安置现场人员，采取必要措施防止危害扩大，并向公安机关和有关部门报告。

第三十四条 恐怖事件发生后，市反恐怖主义工作领导机构可以决定由有关部门和单位，采取下列应对处置措施，并明确适用时间和空间范围，向社会公布：

（一）禁止或者限制使用有关设备、设施；

（二）关闭或者限制使用有关场所；

（三）中止文化、体育、宗教、演出等人员密集的活动或者可能导致危害扩大的生产经营活动，对现场人员予以保护、疏散；

（四）中止管制器具、危险化学品、民用爆炸物品、核与放射物品、传染病病原体等的生产经营活动；

（五）加强对重点目标、人员密集场所和重要基础设施的巡逻、检查、监控、保卫等，组织专门力量加强社会防控；

（六）其他必要的应对处置措施。

第三十五条　城市轨道交通营运单位违反本办法第十七条第一款规定的，由公安机关责令改正；拒不改正的，处十万元以下罚款，并对其直接负责的主管人员和其他直接责任人员处一万元以下罚款。

安全检查单位违反本办法第十七条第二款规定，未按照规定进行安全检查的，由公安机关责令改正；拒不改正的，处五万元以下罚款；造成严重后果的，处十万元以下罚款；并对其直接负责的主管人员和其他直接责任人员处一万元以下罚款。

第三十六条　长途客运业务经营者、服务提供者违反本办法第十八条第二款规定，未在规定的配客站点上下旅客的，由交通运输管理部门责令改正，处一千元以上三千元以下罚款。

客运场站经营者违反本办法第十八条第三款规定的，由公安机关责令改正；拒不改正的，处十万元以下罚款，并对其直接负责的主管人员和其他直接责任人员处一万元以下罚款。

第三十七条　小微型客车租赁业务经营者、服务提供者违反本办法第十九条第二款规定，未依法对承租人身份进行查验，或者对身份不明、拒绝身份查验的承租人提供服务的，由公安机关责令改正；拒不改正的，处十万元以上五十万元以下罚款，并对其直接负责的主管人员和其他直接责任人员处十万元以下罚款。

第三十八条　加油站违反本办法第二十条规定的，由公安机关给予警告，并责令改正；拒不改正的，处十万元以下罚款，并对其直接负责的主管人员和其他直接责任人员处一万元以下罚款。

第三十九条　即时递送业务经营者、服务提供者违反本办法第二十八条规定的，由主管部门责令改正；拒不改正的，处十万元以上五十万元以下罚款，并对其直接负责的主管人员和其他直接责任人员处十万元以下罚款。

第四十条　违反本办法规定的行为，法律、法规已有规定的从其规定；构成犯罪的，依法追究刑事责任。

第四十一条　本办法自 2024 年 1 月 1 日起施行。